Eigenschaften von Stoffen

Einführung in die Chemie und in chemisches Arbeiten

1. Auflage 2024

Inhalt: Dr. Stella Coban
Umschlagbild: © I - AdobeStock.com
Redaktion: Kohl-Verlag
Grafik & Satz: Kohl-Verlag
Druck: farbo prepress GmbH, Köln

Bestell-Nr.: 13 054

ISBN: 978-3-98841-123-5

Bildquellen © AdobeStock.com:

S. 5-45: strichfiguren; S. 4: antonbelo, sababa66; S. 5/27: Sergio J Lievano, A 5, Art_freeman, ylivdesign, Pallabi, Muhammad, Sarema; S. 6/28: Catalin, Maan Icons, Vectoricons, ylivdesign, bobyramone; S. 10: Schlierner; S. 13/34/35: natros; S. 13-18/20: selim S. 15/37: Seventyfour; S. 16/38: blueringmedia; S. 17/39: blueringmedia, GraphicsRF; S. 18/40: blueringmedia; S. 22/44: Peter Hermes Furian; S. 41: Oksana, Graficriver, TriMaker; S. 43: rahul, lesyau_art, TriMaker;

Bildquellen © wikipedia.de:

S. 6: KOchstudiO; die Gefahrensymbole werden vom European Chemicals Bureau (ECB) gemeinfrei zur Verfügung gestellt

Inhalt

KOHL VERLAG
EIGENSCHAFTEN VON STOFFEN

Vorwort und Hinweise

Ein faszinierendes Abenteuer in der Welt der Chemie erwartet die Schülerinnen und Schüler mit der vorliegenden Broschüre. Ziel dieses Unterrichts ist es, sie behutsam in die Grundlagen des chemischen Arbeitens einzuführen. Hierfür wurde eigens ein Experimentierkasten konzipiert, der mit Chemikalien gefüllt ist, die aus ihrer alltäglichen Lebenswelt stammen. Dieser Ansatz ermöglicht es, die Lernenden dort abzuholen, wo sie bereits mit Chemikalien in Kontakt kommen, und sie behutsam, jedoch respektvoll, an einen sicheren Umgang mit diesen heranzuführen.

Im Verlauf dieser Unterrichtseinheit werden nicht nur die Grundlagen chemischer Fachbegriffe und der Umgang mit den entsprechenden Geräten vermittelt, sondern auch das wissenschaftliche Arbeiten trainiert. Von der Formulierung präziser Fragestellungen über die experimentelle Überprüfung bis hin zur sorgfältigen Auswertung der erhaltenen Fakten erlangen die Schülerinnen und Schüler umfassende Kenntnisse.

Mit fortschreitenden Fähigkeiten werden die durchgeführten Experimente anspruchsvoller, und die Planung sowie die Auswertung erfolgen zunehmend eigenständig. Als abschließendes Highlight dieser Unterrichtseinheit werden alle selbst erarbeiteten Eigenschaften der untersuchten Stoffe in einem Steckbrief zusammengefasst. Dabei erfolgt auch die erste klare Unterscheidung zwischen einem Element und einer Verbindung.

Ein besonderer Fokus liegt darauf, den Schülerinnen und Schülern die Struktur des Periodensystems der Elemente (PSE) näherzubringen. Sie lernen, dass Elemente im PSE aufgeführt sind, während Verbindungen aus mehreren Elementen bestehen. Die erlangten Erkenntnisse bilden nicht nur die Grundlage für weiterführende Lernabschnitte, sondern werden auch in der nächsten Unterrichtseinheit über Trennverfahren für die Separierung verschiedener Gemische aufgrund ihrer Eigenschaften angewendet. Dieser integrative Ansatz ermöglicht es den Lernenden, die erworbenen Kenntnisse in einem größeren Kontext zu verstehen und anzuwenden.

Die Broschüre wendet sich hierbei nicht nur an die studierten Fachkräfte des Fachs Chemie, sondern will auch durch die präzisen Beschreibungen der Experimente und das dazugehörige Hintergrundwissen in den Handreichungen Lehrkräfte unterstützen, die das chemische Wissen fachfremd vermitteln.

Viel Feude beim Einsatz des Materials wünschen der Kohl-Verlag und

Dr. Stella Coban

Name: ____________________

Klasse: ______________

Gruppe Nr.: ________

Schuljahr: 20____/ 20____

Geräte, Stoffe & Symbole

Geräte, die zum chemischen Experimentieren verwendet werden

Die hier abgebildeten Geräte werden dir im Chemie-Unterricht begegnen. Trage hier den Namen und die Verwendung dieser Geräte ein!

Gerät	Name	Verwendung
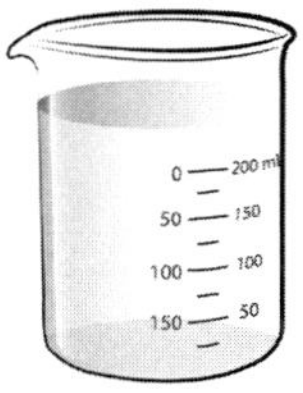 0 – 200 ml, 50 – 150, 100 – 100, 150 – 50		
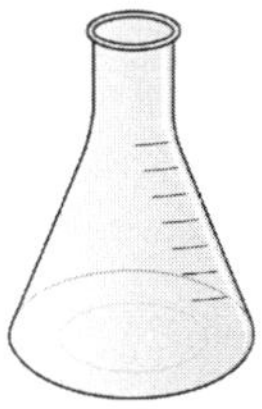		

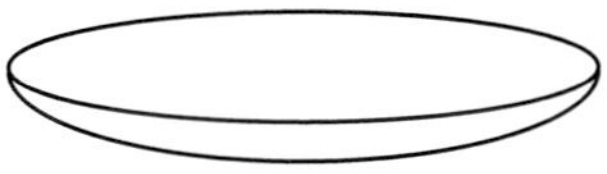		
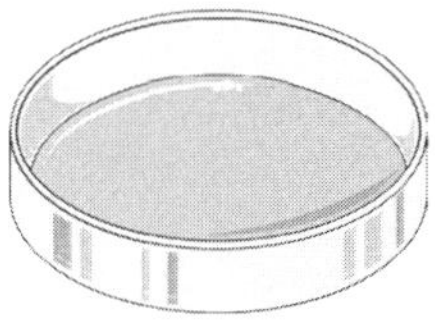		
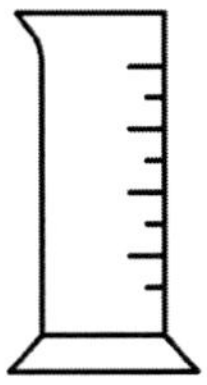		

KOHL VERLAG Lernen mit Erfolg
EIGENSCHAFTEN VON STOFFEN
Einführung in die Chemie und in chemisches Arbeiten – Bestell-Nr. 13 054

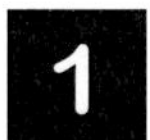

1 Geräte, Stoffe & Symbole

Schülerseite

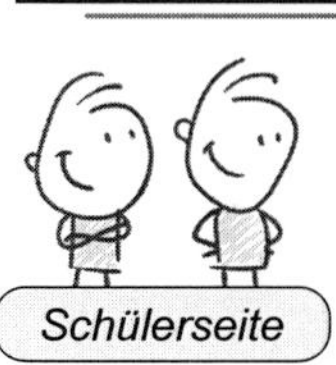

Geräte, die zum chemischen Experimentieren verwendet werden

Die hier abgebildeten Geräte werden dir im Chemie-Unterricht begegnen. Trage hier den Namen und die Verwendung dieser Geräte ein!

Gerät	Name	Verwendung
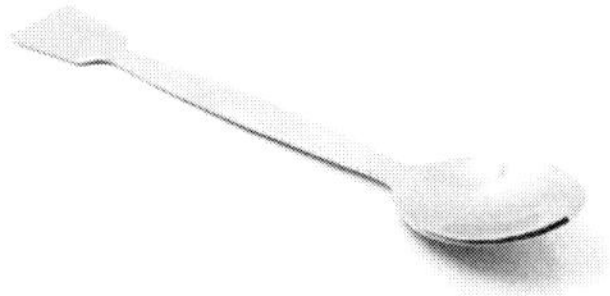		
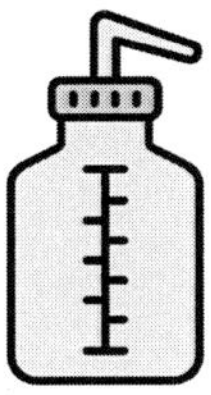		
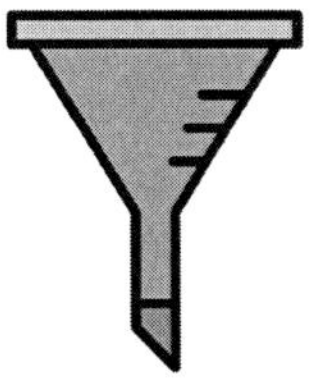		
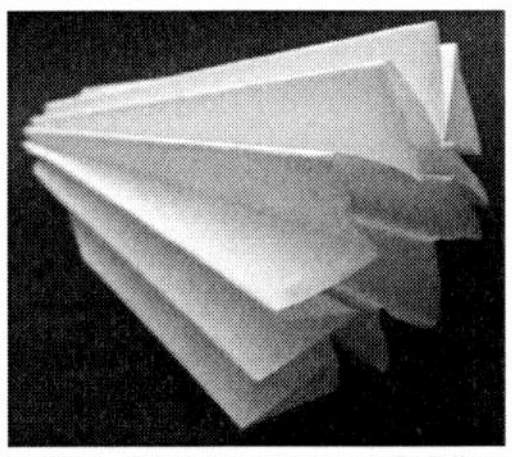		
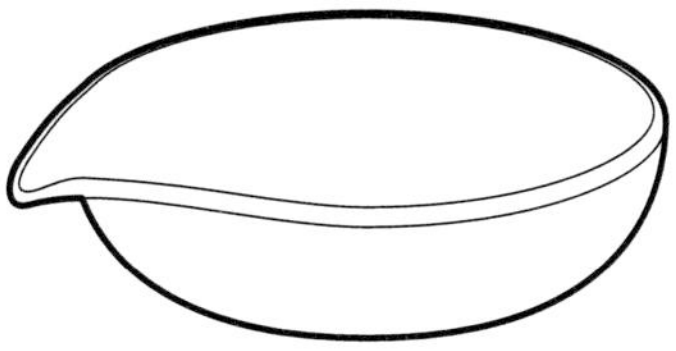		
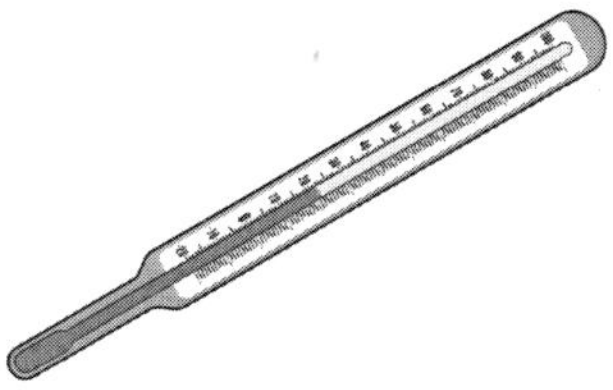		

EIGENSCHAFTEN VON STOFFEN
KOHL VERLAG

Geräte, Stoffe & Symbole

Geräte, die zum chemischen Experimentieren verwendet werden

Hast du noch andere Geräte benutzt, die in der Tabelle nicht schon abgebildet sind?
Dann hast du hier Platz, um sie einzuzeichnen und zu sammeln!

Gerät	Name	Verwendung

Geräte, Stoffe & Symbole

Liste der Stoffe aus dem Chemie-Unterricht

Nr.	Stoff	Formel	Symbol	Gefährlich	
				Ja	Nein
1	Sand				
2	Salz				
3	Zucker				
4	Mehl				
5	Backpulver				
6	Hirschhornsalz (Ammoniumhydrogencarbonat)				
7	Zitronensäure				
8	Essig 0,1 M				
9	Vitamin C (Ascorbinsäure)				
10	Ammoniak 0,1 M				
11	Rapsöl (Ölsäure)				
12	Ethanol				
13a	Eisenpulver				
13b	Eisenspäne				
14a	Kupferpulver				
14b	Kupferblech/würfel				
15a	Aluminiumfolie				
15b	Aluminiumpulver				
16	Magnesiumstreifen				
17	Zinkgranalie				
18	Zinn				
19	Nickel (Würfel)				
20	Graphit				
21	Aktivkohle				
22	Schwefel (Fäden)				
23	Polyvinylchlorid PVC				
24	Polystyrol PS				

Geräte, Stoffe & Symbole

Gefahrstoffsymbole die man beim Umgang mit Chemikalien kennen sollte!

Die unten aufgeführten Gefahrstoffsymbole sind international anerkannt und werden weltweit verwendet. Zusätzlich gibt es ältere Symbole die jedoch auch noch manchmal zu finden sind. Schreibe die Bedeutung der Symbole auf und schau dich zu Hause um. Wo kannst du die Symbole finden?

Gefahrensymbol neu	Gefahrensymbol alt	Bedeutung	Wo hast du es zuhause gefunden?
	kein altes Symbol vorhanden		

KOHL VERLAG EIGENSCHAFTEN VON STOFFEN Einführung in die Chemie und in chemisches Arbeiten – Bestell-Nr. 13 054

2 Eigenschaften von Stoffen

Schülerseite

Einteilung von verschiedenen Stoffen (Blatt 1)

Nr.	Stoff
1	Sand
2	Salz
3	Zucker
4	Mehl
5	Backpulver
6	Hirschhornsalz (Ammoniumhydrogencarbonat)
7	Zitronensäure
8	Essig 0,1 M
9	Vitamin C (Ascorbinsäure)
10	Ammoniak 0,1 M
11	Rapsöl (Ölsäure)
12	Ethanol
13a	Eisenpulver
13b	Eisenspäne
14a	Kupferpulver
14b	Kupferblech/würfel
15a	Aluminiumfolie
15b	Aluminiumpulver
16	Magnesiumstreifen
17	Zinkgranalie
18	Zinn
19	Nickel (Würfel)
20	Graphit
21	Aktivkohle
22	Schwefel (Fäden)
23	Polyvinylchlorid PVC
24	Polystyrol PS

<u>Aufgabe</u>:

Ihr habt nun verschiedene Stoffe vor euch. Schaut sie euch genau an und versucht sie in verschiedene Gruppen einzuteilen. Diskutiert in eurer Gruppe, wie man sie einteilen kann.

Schreibt die Gruppen auf (Nummer auf den Gläschen). Notiert anschließend, nach welchen Kriterien (Eigenschaften) ihr die Gruppen eingeteilt habt. (Blatt 2)

Mischt die Gläschen danach wieder und versucht sie nach anderen Gesichtspunkten zusammen zu stellen.

Wie oft könnt ihr die Stoffe nach unterschiedlichen Kriterien neu zusammenstellen?

2 Eigenschaften von Stoffen

Einteilung von verschiedenen Stoffen (Blatt 2)

Einteilung	Kriterium/Eigenschaften	Gläschen Nr.

KOHL VERLAG EIGENSCHAFTEN VON STOFFEN Einführung in die Chemie und in chemisches Arbeiten – Bestell-Nr. 13 054

2 Eigenschaften von Stoffen

Einteilung von verschiedenen Stoffen (Theorie)

Ohne Hilfsmittel

Beschreibung	Fachbegriff

Mit Hilfsmittel

Beschreibung	Fachbegriff

EIGENSCHAFTEN VON STOFFEN

2 Eigenschaften von Stoffen

Fest – flüssig – und was fehlt noch?

Wir untersuchen heute Wasser!

Aufgabe: *Messt die Temperatur von Eis, Wasser und dem Wasserdampf über dem Reagenzglas!*

	Eis	Wasser	Wasserdampf
Temperatur			
Aggregatzustand			
Eigenschaften (Härte, Aussehen, Farbe, Geruch ...)			

Aufgabe: *Ordne zu: fest, flüssig, gasförmig.* ● *Wasser-Teilchen*

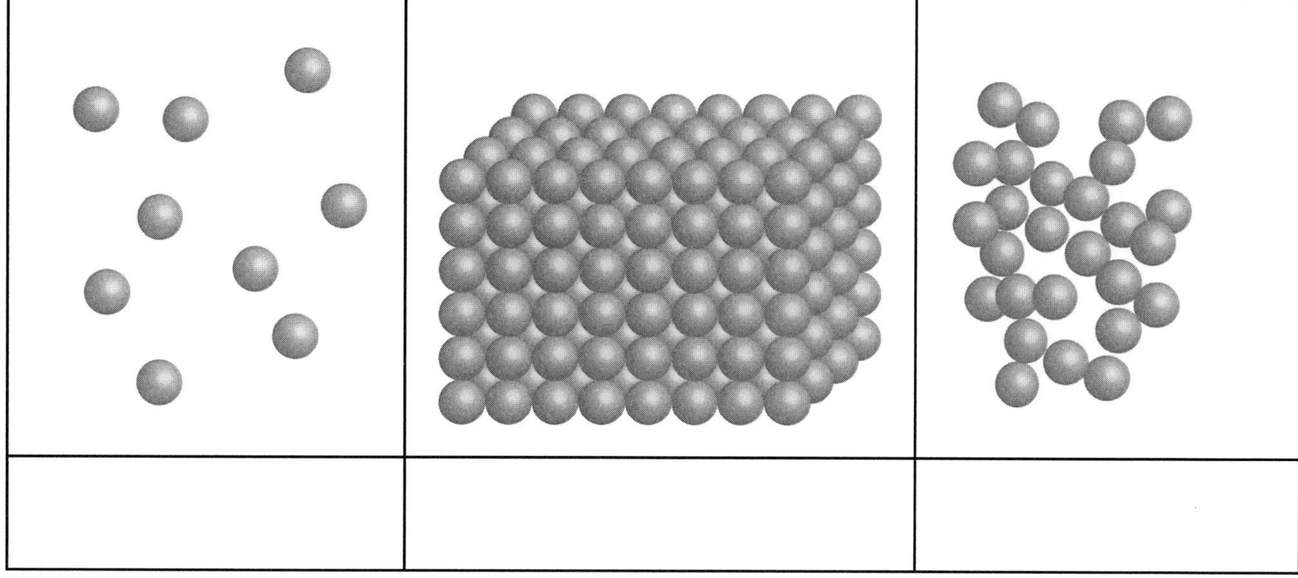

EIGENSCHAFTEN VON STOFFEN
Einführung in die Chemie und in chemisches Arbeiten – Bestell-Nr. 13 054
KOHL VERLAG

2 Eigenschaften von Stoffen

Geruch und Aussehen

Aufgabe: *Schau dir die Proben in den Gläschen genau an und notiere, was dir beim Aussehen auffällt (Farbe, Aggregatzustand, Form ...). Öffne dann das Gläschen und überprüfe den Geruch. Notiere ob und wie die Proben riechen.*

Nr.	Stoff	Aussehen	Geruch
1	Sand		
2	Salz		
3	Zucker		
4	Mehl		
5	Backpulver		
6	Hirschhornsalz (Ammoniumhydrogencarbonat)		
7	Zitronensäure		
8	Essig 0,1 M		
9	Vitamin C (Ascorbinsäure)		
10	Ammoniak 0,1 M		
11	Rapsöl (Ölsäure)		
12	Ethanol		
13a	Eisenpulver		
13b	Eisenspäne		
14a	Kupferpulver		
14b	Kupferblech/würfel		
15a	Aluminiumfolie		
15b	Aluminiumpulver		
16	Magnesiumstreifen		
17	Zinkgranalie		
18	Zinn		
19	Nickel (Würfel)		
20	Graphit		
21	Aktivkohle		
22	Schwefel (Fäden)		
23	Polyvinylchlorid PVC		
24	Polystyrol PS		

2 Eigenschaften von Stoffen

Verformbarkeit und Härte

Weitere Möglichkeiten um verschiedene Stoffe zu unterscheiden, sind die Verformbarkeit und Härte dieser Stoffe zu untersuchen und zu vergleichen ...

Aufgabe: *Überprüfe zunächst bei allen unten aufgeführten Stoffe, ob und wie leicht sie sich verformen lassen und notiere das Ergebnis deiner Untersuchung in der Tabelle.*

Die Härte eines Stoffes/einer Substanz, lässt sich entweder mit dem Fingernagel oder mit einer Nadel untersuchen. Hierbei versucht man, wie leicht oder schwer es ist, etwas in diesen Stoff zu ritzen.
Notiere ob und wie leicht die Stoffe eingeritzt werden können. Unterscheide hier zwischen sehr weich (wenn man den Stoff ohne große Schwierigkeiten mit der Nadel ritzen kann) ... bis sehr hart (wenn beim Versuch zu ritzen kaum Spuren bleiben.

Nr.	Stoff	Verformbarkeit	Härte
13b	Eisenspäne		
14b	Kupferblech/würfel		
15a	Aluminiumfolie		
16	Magnesiumstreifen		
17	Zinkgranalie		
18	Zinn		
20	Graphit		
23	Polyvinylchlorid PVC		
24	Polystyrol PS		

2 Eigenschaften von Stoffen

Magnetismus

Aufgabe: *Prüfe mit Hilfe eines Magneten, welche der Proben magnetisch sind.*

		Magnetisch	
Nr.	**Stoff**	**ja**	**nein**
1	Sand		
2	Salz		
3	Zucker		
4	Mehl		
5	Backpulver		
6	Hirschhornsalz (Ammoniumhydrogencarbonat)		
7	Zitronensäure		
8	Essig 0,1 M		
9	Vitamin C (Ascorbinsäure)		
10	Ammoniak 0,1 M		
11	Rapsöl (Ölsäure)		
12	Ethanol		
13a	Eisenpulver		
13b	Eisenspäne		
14a	Kupferpulver		
14b	Kupferblech/würfel		
15a	Aluminiumfolie		
15b	Aluminiumpulver		
16	Magnesiumstreifen		
17	Zinkgranalie		
18	Zinn		
19	Nickel (Würfel)		
20	Graphit		
21	Aktivkohle		
22	Schwefel (Fäden)		
23	Polyvinylchlorid PVC		
24	Polystyrol PS		

2 Eigenschaften von Stoffen

Elektrische Leitfähigkeit

Eine wichtige Eigenschaft von Stoffen ist die elektrische Leitfähigkeit. Sie hilft uns beispielsweise Metalle von Nichtmetallen zu unterscheiden.

Aufgabe: *Um die elektrische Leitfähigkeit zu überprüfen musst du die hier aufgezeichnete Schaltung aufbauen. In die Lücke wird dann das Material eingebaut, das geprüft werden soll. Leuchtet die Lampe, so leitet der Stoff den Strom.*

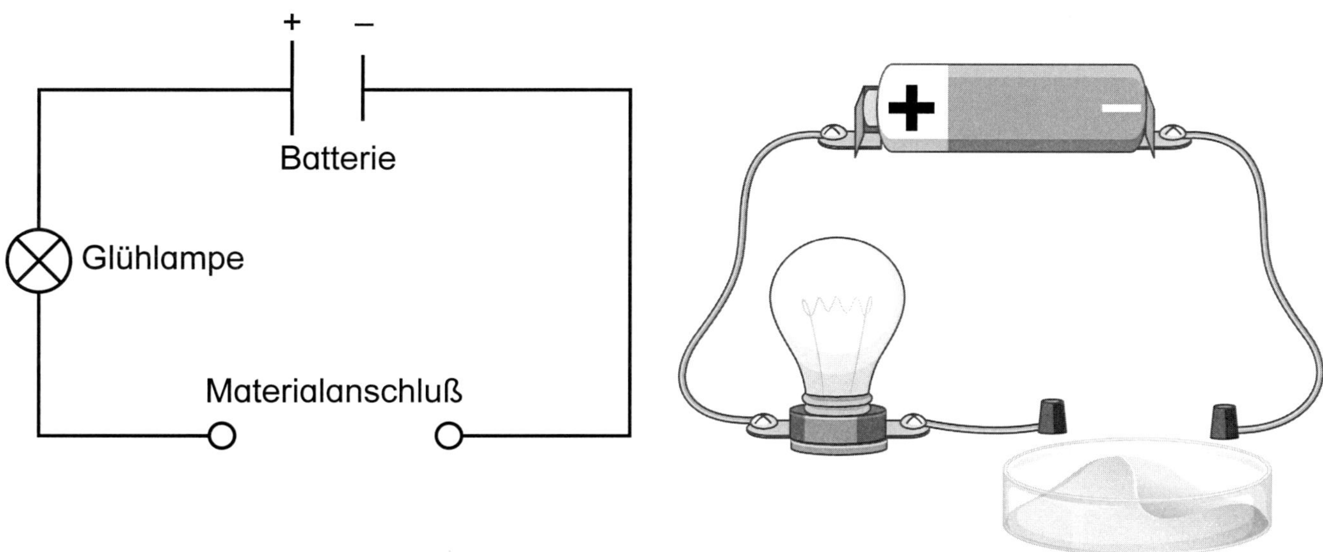

		elektrische Leitfähigkeit	
Nr.	**Stoff**	**leitet**	**leitet nicht**
13b	Eisenspäne		
14b	Kupferblech/würfel		
15a	Aluminiumfolie		
16	Magnesiumstreifen		
17	Zinkgranalie		
18	Zinn		
20	Graphit		
23	Polyvinylchlorid PVC		
24	Polystyrol PS		

EIGENSCHAFTEN VON STOFFEN
Einführung in die Chemie und in chemisches Arbeiten – Bestell-Nr. 13 054
KOHL VERLAG

2 Eigenschaften von Stoffen

Schülerseite

Löslichkeit in Wasser

Aufgabe: *Prüfe welche der Stoffe sich in Wasser lösen!*

Nr.	Stoff	löslich in Wasser	
		ja	**nein**
1	Sand		
2	Salz		
3	Zucker		
4	Mehl		
5	Backpulver		
6	Hirschhornsalz (Ammoniumhydrogencarbonat)		
7	Zitronensäure		
8	Essig 0,1 M		
9	Vitamin C (Ascorbinsäure)		
10	Ammoniak 0,1 M		
11	Rapsöl (Ölsäure)		
12	Ethanol		
13a	Eisenpulver		
13b	Eisenspäne		
14a	Kupferpulver		
14b	Kupferblech/würfel		
15a	Aluminiumfolie		
15b	Aluminiumpulver		
16	Magnesiumstreifen		
17	Zinkgranalie		
18	Zinn		
19	Nickel (Würfel)		
20	Graphit		
21	Aktivkohle		
22	Schwefel (Fäden)		
23	Polyvinylchlorid PVC		
24	Polystyrol PS		

Eigenschaften von Stoffen

PROTOKOLL
Löslichkeit in Wasser

Datum: ____________

Name: ____________________ **Gr. Nr.** ____________ **Klasse:** ____________

Materialliste: *(Trage alle Materialien ein, die du verwendet hast.)*

____

____

____

____

____

____

____

Versuchsaufbau: *(Zeichne die Geräte auf die du verwendest und auch wie du das Experiment durchführst.)*

KOHL VERLAG EIGENSCHAFTEN VON STOFFEN Einführung in die Chemie und in chemisches Arbeiten – Bestell-Nr. 13 054

2 EIGENSCHAFTEN VON STOFFEN

Brennbarkeit

Aufgabe: *Prüfe welche der Stoffe verbrannt werden können. Was kannst du beobachten? Denke z. B. an Geruch, Farbe oder Aggregatzustand!*

		brennbar		
Nr.	**Stoff**	**ja**	**nein**	**Beobachtung**
1	Sand			
2	Salz			
3	Zucker			
4	Mehl			
5	Backpulver			
6	Hirschhornsalz (Ammoniumhydrogencarbonat)			
7	Zitronensäure			
8	Essig 0,1 M			
9	Vitamin C (Ascorbinsäure)			
10	Ammoniak 0,1 M			
11	Rapsöl (Ölsäure)			Vorführung durch Lehrkraft
12	Ethanol			Vorführung durch Lehrkraft
13a	Eisenpulver			
13b	Eisenspäne			
14a	Kupferpulver			
14b	Kupferblech/würfel			
15a	Aluminiumfolie			
15b	Aluminiumpulver			
16	Magnesiumstreifen			Vorführung durch Lehrkraft
17	Zinkgranalie			
18	Zinn			
19	Nickel (Würfel)			
20	Graphit			
21	Aktivkohle			
22	Schwefel (Fäden)			
23	Polyvinylchlorid PVC			
24	Polystyrol PS			

PROTOKOLL
Brennbarkeit

Datum: ___________

Name: ____________________ **Gr. Nr.** ___________ **Klasse:** ____________

Materialliste: *(Trage alle Materialien ein, die du verwendet hast.)*

____

____

____

Versuchsaufbau: *(Zeichne die Geräte auf die du verwendest und auch wie du das Experiment durchführst.)*

Versuchbeschreibung: *(Formuliere, was du getan hast, mit eigenen Worten.)*

____

____

____

____

KOHL VERLAG – EIGENSCHAFTEN VON STOFFEN Einführung in die Chemie und in chemisches Arbeiten – Bestell-Nr. 13 054

2 Eigenschaften von Stoffen

Element oder Verbindung? (Blatt 1)

Du hast inzwischen schon einige wichtige Eigenschaften unserer Stoffe kennengelernt. Nun wollen wir überprüfen, ob der Stoff zu den Elementen gehört oder aber eine Verbindung aus verschiedenen Elementen ist. Alle **Elemente** sind im **Periodensystem der Elemente** (PSE) aufgelistet.

PERIODENSYSTEM DER ELEMENTE

1 H Wasserstoff																	2 He Helium
3 Li Lithium	4 Be Beryllium											5 B Bor	6 C Kohlenstoff	7 N Stickstoff	8 O Sauerstoff	9 F Fluor	10 Ne Neon
11 Na Natrium	12 Mg Magnesium											13 Al Aluminium	14 Si Silicium	15 P Phosphor	16 S Schwefel	17 Cl Chlor	18 Ar Argon
19 K Kalium	20 Ca Calcium	21 Sc Scandium	22 Ti Titan	23 V Vanadium	24 Cr Chrom	25 Mn Mangan	26 Fe Eisen	27 Co Cobalt	28 Ni Nickel	29 Cu Kupfer	30 Zn Zink	31 Ga Gallium	32 Ge Germanium	33 As Arsen	34 Se Selen	35 Br Brom	36 Kr Krypton
37 Rb Rubidium	38 Sr Strontium	39 Y Yttrium	40 Zr Zirconium	41 Nb Niob	42 Mo Molybdän	43 Tc Technetium	44 Ru Ruthenium	45 Rh Rhodium	46 Pd Palladium	47 Ag Silber	48 Cd Cadmium	49 In Indium	50 Sn Zinn	51 Sb Antimon	52 Te Tellur	53 I Iod	54 Xe Xenon
55 Cs Caesium	56 Ba Barium	57 La* Lanthan	72 Hf Hafnium	73 Ta Tantal	74 W Wolfram	75 Re Rhenium	76 Os Osmium	77 Ir Iridium	78 Pt Platin	79 Au Gold	80 Hg Quecksilber	81 Tl Thallium	82 Pb Blei	83 Bi Bismut	84 Po Polonium	85 At Astat	86 Rn Radon
87 Fr Francium	88 Ra Radium	89 Ac** Actinium	104 Rf Rutherfordium	105 Db Dubnium	106 Sg Seaborgium	107 Bh Bohrium	108 Hs Hassium	109 Mt Meitnerium	110 Ds Darmstadtium	111 Rg Roentgenium	112 Cn Copernicium	113 Uut Ununtrium	114 Fl Flerovium	115 Uup Ununpentium	116 Lv Livermorium	117 Uus Ununseptium	118 Uuo Ununoctium

Aufgabe: *Vergleiche die Formeln in der Liste der Stoffe mit dem Periodensystem der Elemente. Welche Stoffe findest du in der obenstehenden Tabelle? Diese Stoffe sind Elemente. Stoffe, die aus mehr als einem Element bestehen, nennt man Verbindungen.*

Element oder Verbindung? (Blatt 2)

Aufgabe: *Trage hier ein, welche der von dir benutzten Stoffe Elemente und welche Verbindungen sind. Umkreise die von dir verwendeten Elemente im PSE.*

Nr.	Stoff	Element	Verbindung
1	Sand		
2	Salz		
3	Zucker		
4	Mehl		
5	Backpulver		
6	Hirschhornsalz (Ammoniumhydrogencarbonat)		
7	Zitronensäure		
8	Essig 0,1 M		
9	Vitamin C (Ascorbinsäure)		
10	Ammoniak 0,1 M		
11	Rapsöl (Ölsäure)		
12	Ethanol		
13a	Eisenpulver		
13b	Eisenspäne		
14a	Kupferpulver		
14b	Kupferblech/würfel		
15a	Aluminiumfolie		
15b	Aluminiumpulver		
16	Magnesiumstreifen		
17	Zinkgranalie		
18	Zinn		
19	Nickel (Würfel)		
20	Graphit		
21	Aktivkohle		
22	Schwefel (Fäden)		
23	Polyvinylchlorid PVC		
24	Polystyrol PS		

Nun hast du alle Informationen die du benötigt, um von zwei der Stoffe einen ersten Steckbrief zu erstellen. Wähle hierfür ein Element und eine Verbindung aus und fülle die nachfolgenden Steckbriefe (Seiten 25/26) aus. Die Experimente, die du bereits gemacht hast, helfen dir dabei! Wenn du möchtest kannst du zum Schluss noch im Internet nach weiteren Eigenschaften deines Stoffes suchen und sie unter „Sonstiges“ eintragen.

EIGENSCHAFTEN VON STOFFEN
Einführung in die Chemie und in chemisches Arbeiten – Bestell-Nr. 13 054
KOHL VERLAG

2 Eigenschaften von Stoffen

Reflexion

Wir sind nun in der Lage die verwendeten Chemikalien noch einmal neu zu sortieren.

Gemische: Sind aus mehreren verschiedenen Elementen oder Verbindungen zusammengesetzt.

Reinstoffe: enthalten nur ein einziges Element oder eine einzige Verbindung

Verbindungen: sind aus mehreren Elementen aufgebaut

Elemente: sind im Periodensystem der Elemente aufgelistet

Aufgabe: *Sortiere die von uns verwendeten Chemikalien nach den oben beschriebenen Kriterien.*

alle Chemikalien

Reinstoffe

Gemische

Elemente

Verbindungen

Es gibt verschiedene Arten von Gemischen, die uns im Chemieunterricht begegnen werden.

Verwendung aller uns bekannter Eigenschaften

Nachdem wir nun die Chemikalien untersucht und eingeordnet haben, sind wir in der Lage Steckbriefe mit ihren Eigenschaften zu erstellen.

Aufgabe: *Suche dir ein Element und eine Verbindung aus und erstelle für sie einen Steckbrief.*

Elemente → • Eigenschaften

Verbindungen → • Eigenschaften

Steckbrief der Elemente

Name: ______________________________

chemisches Symbol: ____________

Stellung im PSE: _____ Periode, _____ Haupt/Neben-Gruppe

Farbe: ______________ Geruch: ______________

Aggregatzustand bei 20 °C: __________________

Härte: ______________ Verformbarkeit: ______________

Magnetismus: _________________

elektrische Leitfähigkeit: ___________________

Brennbarkeit: _____________________

Löslichkeit in Wasser: ____________________

Sonstiges:

____

____

____

____

____

____

KOHL VERLAG
EIGENSCHAFTEN VON STOFFEN
Einführung in die Chemie und in chemisches Arbeiten – Bestell-Nr. 13 054

Steckbrief der Verbindung

Name: ______________________________

chemisches Symbol: ____________

Stellung im PSE: _____ **Periode,** _____ **Haupt/Neben-Gruppe**

Farbe: _______________ **Geruch:** _______________

Aggregatzustand bei 20 °C: __________________

Härte: _______________ **Verformbarkeit:** _______________

Magnetismus: _________________

elektrische Leitfähigkeit: ___________________

Brennbarkeit: _____________________

Löslichkeit in Wasser: ____________________

Sonstiges:

____

____

____

____

____

____

EIGENSCHAFTEN VON STOFFEN
KOHL VERLAG

Geräte, die zum chemischen Experimentieren verwendet werden

Gerät	Name	Verwendung
	Becherglas	zum Aufbewahren von Stoffen
	Erlenmeyerkolben	Zum Aufbewahren von Flüssigkeiten. Der verengte Hals verlangsamt das Verdunsten der Flüssigkeit.
	Reagenzglas	In einem Reagenzglas können verschiedene Stoffe in geringer Menge gemischt und die eventuell stattfindenden Reaktionen beobachtet werden.
	Uhrglas	Wird oft als „Deckel" für Becherglas oder Erlenmeyerkolben benutzt. Man kann aber auch Pulver darin aufbewahren.
	Petrischale	zum Betrachten von verschiedenen Stoffen unter dem Mikroskop
	Messzylinder	Mit ihm werden Flüssigkeiten abgemessen.
	Pipette	zum Entnehmen von kleinen Mengen von Flüssigkeiten

KOHL VERLAG
EIGENSCHAFTEN VON STOFFEN
Einführung in die Chemie und in chemisches Arbeiten – Bestell-Nr. 13 954

Geräte, die zum chemischen Experimentieren verwendet werden

Gerät	Name	Verwendung
	Spatel	zum Entnehmen von kleinen Mengen an Pulver
	Spritzflasche	Zum Aufbewahren von destilliertem Wasser (ganz sauberes Wasser) oder anderen Flüssigkeiten, die im Labor häufig benötigt werden (Beispiel Ethanol)
	Trichter	zum Einfüllen von Stoffen und zum Filtrieren
	Faltenfilter	Zum Filtrieren; hier werden Feststoffe von Flüssigkeiten getrennt. Das Filterpapier hält den Feststoff zurück und lässt die Flüssigkeit durch.
	Abdampfschale	zum Entfernen von Wasser durch Erhitzen
	Thermometer	zum Messen der Temperatur

Liste der Stoffe aus dem Chemie-Unterricht

Nr.	Stoff	Formel	Symbol	Gefährlich Ja	Gefährlich Nein
				Ja	Nein
1	Sand	SiO_2			**X**
2	Salz	$NaCl$			**X**
3	Zucker	$C_6H_{12}O_6$			**X**
4	Mehl	$(C_6H_{10}O_5)_n$			**X**
5	Backpulver	$NaHCO_3$			**X**
6	Hirschhornsalz (Ammoniumhydrogencarbonat)	NH_4HCO_3		**X**	
7	Zitronensäure	$C_6H_8O_7 \cdot H_2O$			**X**
8	Essig 0,1 M	CH_3COOH			**X**
9	Vitamin C (Ascorbinsäure)	$C_6H_8O_6$			**X**
10	Ammoniak 0,1 M	NH_4OH			
11	Rapsöl (Ölsäure)	$CH_3(CH_2)_7CH{=}CH(CH_2)_7CO$			**X**
12	Ethanol	C_2H_5OH		**X**	
13a	Eisenpulver	Fe		**X**	
13b	Eisenspäne	Fe			**X**
14a	Kupferpulver	Cu		**X**	
14b	Kupferblech/würfel	Cu			**X**
15a	Aluminiumfolie	Al			**X**
15b	Aluminiumpulver	Al		**X**	
16	Magnesiumstreifen	Mg		**X**	
17	Zinkgranalie	Zn			**X**
18	Zinn	Sn			**X**
19	Nickel (Würfel)	Ni			**X**
20	Graphit	C			**X**
21	Aktivkohle	C			**X**
22	Schwefel (Fäden)	S		**X**	
23	Polyvinylchlorid PVC	$(C_2H_3Cl)_n$			**X**
24	Polystyrol PS	$(C_8H_8)_n$			**X**

KOHL VERLAG
EIGENSCHAFTEN VON STOFFEN
Einführung in die Chemie und in chemisches Arbeiten – Bestell-Nr. 13 054

Gefahrstoffsymbole die man beim Umgang mit Chemikalien kennen sollte!

Gefahrensymbol neu	Gefahrensymbol alt	Bedeutung	Wo hast du es zuhause gefunden?
		Gesundheitsgefährdend	
		Brennbar	Brennspiritus
		Explosionsgefahr	
		Ätzend	Abflussreiniger
		Giftig	Rattengift
		Brandfördernd	Wasserstoffperoxid ab 10%ig (Bleichmittel)
	kein altes Symbol vorhanden	Gas unter Druck	Propangasflasche am Gasgrill
		Achtung! Gefahr für die Gesundheit.	
		Umweltgefährdend	

Einteilung von verschiedenen Stoffen (Blatt 1)

Nr.	Stoff
1	Sand
2	Salz
3	Zucker
4	Mehl
5	Backpulver
6	Hirschhornsalz (Ammoniumhydrogencarbonat)
7	Zitronensäure
8	Essig 0,1 M
9	Vitamin C (Ascorbinsäure)
10	Ammoniak 0,1 M
11	Rapsöl (Ölsäure)
12	Ethanol
13a	Eisenpulver
13b	Eisenspäne
14a	Kupferpulver
14b	Kupferblech/würfel
15a	Aluminiumfolie
15b	Aluminiumpulver
16	Magnesiumstreifen
17	Zinkgranalie
18	Zinn
19	Nickel (Würfel)
20	Graphit
21	Aktivkohle
22	Schwefel (Fäden)
23	Polyvinylchlorid PVC
24	Polystyrol PS

Bereiten Sie die Chemikalien vor und nummerieren die einzelnen Gefäße entsprechend der Liste.

Die SuS sollen zunächst einmal ohne weitere Vorgaben die im Experimentierkasten vorhandenen Stoffe nach verschiedenen Eigenschaften einteilen.

Hierbei werden sehr schnell Eigenschaften wie:

- **Farbe**
- **Geruch**
- **Aggregatzustand und**
- **Beschaffenheit (Pulver oder kompakter Feststoff)**

als Eigenschaften zum Einteilen der Stoffe verwendet.

Weitere Möglichkeiten sind zusätzlich:

- **Metall oder Nichtmetall**
- **Gewicht**
- **Härte und**
- **Verformbarkeit**

Da die SuS hier in der Regel den ersten Kontakt mit Chemikalien im eigentlichen Sinne haben, benötigen sie die gesamte Stunde für die Bewältigung dieser Aufgabe.
Mit einem Vergleich der Ergebnisse der verschiedenen Gruppen kann diese Stunde beendet werden.

EIGENSCHAFTEN VON STOFFEN
Einführung in die Chemie und in chemisches Arbeiten – Bestell-Nr. 13 054
KOHL VERLAG

2 Eigenschaften von Stoffen

Einteilung von verschiedenen Stoffen (Blatt 2)

Einteilung	Kriterium/Eigenschaften	Gläschen Nr.
	Farbe	
	Aggregatzustand	
	Beschaffenheit	
	Geruch	
	Metall/Nichtmetall	

Die hier aufgeführten Kriterien/Eigenschaften sind nur exemplarisch.

EIGENSCHAFTEN VON STOFFEN
KOHL VERLAG

2 Eigenschaften von Stoffen

Tafelbild: „Fest – flüssig – und was fehlt noch?“

Ohne Hilfsmittel		Mit Hilfsmittel	
Beschreibung	**Fachbegriff**	**Beschreibung**	**Fachbegriff**
fest – flüssig	Aggregatzustand	ob ein Stoff verbrennt	Brennbarkeit
schwer – leicht	Dichte	ob ein Stoff Strom leitet	elektrische Leitfähigkeit
Farbe	Aussehen	ob ein Stoff magnetisch ist	Magnetismus
wie etwas riecht	Geruch	ob sich ein Stoff in Wasser auflöst	Löslichkeit in Wasser
wie sich etwas anfühlt	Oberfläche	ob ein Stoff hart ist	Härte
ob man etwas verbiegen kann	Verformbarkeit		

In der Stunde, die sich an die praktische Einteilung der Stoffe anschließt, werden die von den einzelnen Gruppen für die Einteilung der Stoffe verwendeten Eigenschaften an der Tafel gesammelt:

- **Aggregatzustände**
- **Geruch**
- **Farbe**
- **Härte**
- **Verformbarkeit**
- **Metall oder Nichtmetall**
- **Gewicht (Dichte)**

Mit Hilfe einiger Impulse (zeigen eines Brenners oder eines Magneten) werden zusätzlich weiter Möglichkeiten zur Einteilung der Stoffe gefunden:

- **Brennbarkeit**
- **Magnetismus**
- **Löslichkeit in Wasser**
- **elektrische Leitfähigkeit**

Anschließend wird mit den SuS zusammen überlegt, warum eine Einteilung der Stoffe vorgenommen wird. Am Beispiel der Stoffe 2-7, die alle sehr ähnlich aussehen, können die Vorteile der Charakterisierung von Stoffen durch ihre Eigenschaften herausgearbeitet werden. Hierbei kann auch aufgezeigt werden, dass die Charakterisierung eines Stoffes umso genauer/besser wird, je mehr Eigenschaften man beschreiben kann.

Schlussfolgerung:

Um die in der Experimentierbox vorhandenen Stoffe besser kennenzulernen, sollten deshalb mehrere Eigenschaften untersucht werden.
Geklärt werden muss zum Abschluss der Stunde noch, welche der an der Tafel aufgeführten Eigenschaften ohne weitere Hilfsmittel untersucht werden können, und wo Hilfsmittel benötigt werden.
Der Tafelanschrieb, sollte von den SuS zur Sicherung in das Heft, Experimentierbuch oder ähnliches übertragen werden.

2 Eigenschaften von Stoffen

Fest – flüssig – und was fehlt noch?

Wir untersuchen heute Wasser!

	Eis	Wasser	Wasserdampf
Temperatur	ca. 0 °C	ca. 20 °C	ca. 100 °C
Aggregatzustand	fest	flüssig	gasförmig
Eigenschaften (Härte, Aussehen, Farbe, Geruch ...)	hart, spröde, geruchlos, farblos – weiß, Kristalle	weich, durchsichtig, geruchlos, farblos	weiß-farblos, geruchlos

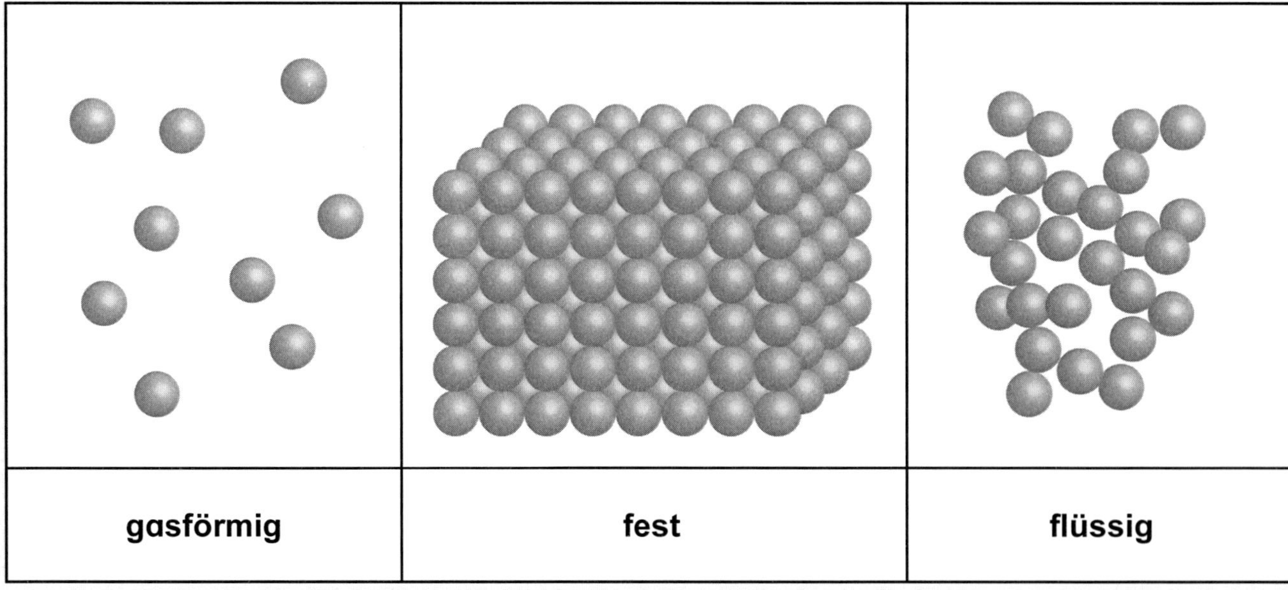

gasförmig	fest	flüssig

KOHL VERLAG

Informationen zum Teilchenmodell

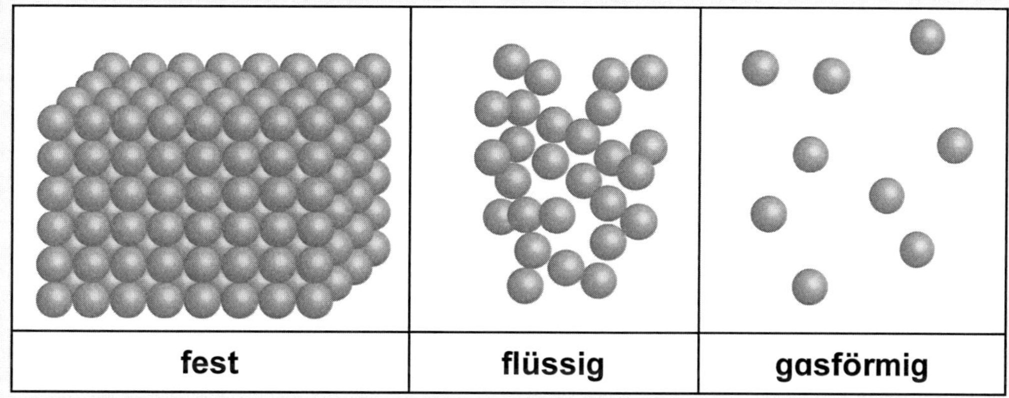

Das Teilchenmodell wird in der Chemie immer dann herangezogen, wenn Phänomene erklärt werden sollen, die mit dem Wechsel des Aggregatzustandes zu tun haben.
Folgende Beobachtungen können von den SuS gemacht werden:

fest	-	kalt (bei Wasser 0 °C)
flüssig	-	warm (bei Wasser Raumtemperatur)
gasförmig	-	heiß (bei Wasser >100 °C)

Stellt man sich nun vor, dass man mit dem Mikroskop immer näher an das Wasser herangehen würde, dann würde man wohl irgendwann einzelne Wasserteilchen – im Modell als Kügelchen dargestellt – sehen.
Man beobachtet die Teilchen bei verschiedenen Temperaturen und stellt fest, dass sie sich im festen Zustand nur ganz wenig bewegen und recht eng aneinander liegen. Deshalb ist die Substanz (in unserem Fall Wasser) hart.
Erhöht man die Temperatur, so führt man dem System Energie in Form von Wärme zu. Diese Energie erhalten auch die Teilchen. Sie können sich dann mit zunehmender Temperatur immer schneller bewegen.
Zunächst halten sie sich noch gegenseitig fest, haben aber keine eigene Form mehr, sondern nehmen immer die Form an, die man ihnen anbietet. Wir haben nun den flüssigen Zustand.
Führt man weiter Energie zu, so können sich immer mehr Teilchen aus der „Gruppe" lösen und diese als einzelnes Teilchen verlassen. Dies ist dann der Wasserdampf, den wir bei Temperaturen von über 100 °C beobachten können.

In den Modellen können sich die Teilchen je nach Menge unterschiedlich schnell bewegen, genauso wie in den verschiedenen Aggregatzuständen.

Bereiten Sie Schnappdeckelgläschen mit bspw. kleinen Kunststoffkügelchen vor. Durch Schütteln kann man die Bewegung der Wassermoleküle in den verschiedenen Aggregatzuständen simulieren: rechts fest, Mitte flüssig und links gasförmig.

EIGENSCHAFTEN VON STOFFEN
Einführung in die Chemie und in chemisches Arbeiten – Bestell-Nr. 13 054
KOHL VERLAG

2 EIGENSCHAFTEN VON STOFFEN

Geruch und Aussehen

Nr.	Stoff	Aussehen	Geruch
1	Sand		
2	Salz		
3	Zucker		
4	Mehl		
5	Backpulver		
6	Hirschhornsalz (Ammoniumhydrogencarbonat)		
7	Zitronensäure		
8	Essig 0,1 M		stechend, nach Essig
9	Vitamin C (Ascorbinsäure)		
10	Ammoniak 0,1 M		stechend, nach Urin
11	Rapsöl (Ölsäure)		
12	Ethanol		
13a	Eisenpulver		
13b	Eisenspäne		
14a	Kupferpulver		
14b	Kupferblech/würfel		
15a	Aluminiumfolie		
15b	Aluminiumpulver		
16	Magnesiumstreifen		
17	Zinkgranalie		
18	Zinn		
19	Nickel (Würfel)		
20	Graphit		
21	Aktivkohle		
22	Schwefel (Fäden)		nach faulen Eiern
23	Polyvinylchlorid PVC		
24	Polystyrol PS		

2 Eigenschaften von Stoffen

Verformbarkeit und Härte

Weitere Möglichkeiten um verschiedene Stoffe zu unterscheiden, sind die Verformbarkeit und Härte dieser Stoffe zu untersuchen und zu vergleichen ...

Nr.	Stoff	Verformbarkeit	Härte
13b	Eisenspäne	ja	hart, kann man aber zerkratzen
14b	Kupferblech/würfel	ja	hart, kann man aber zerkratzen
15a	Aluminiumfolie	ja	sehr dünn, dadurch schwer überprüfbar
16	Magnesiumstreifen	ja	hart, kann man aber zerkratzen
17	Zinkgranalie	ja, aber schwer	hart, kann man aber zerkratzen
18	Zinn	ja	hart, kann man aber zerkratzen
20	Graphit	nein, bricht	hart
23	Polyvinylchlorid PVC	lässt sich biegen, geht jedoch in die Ursprungsform zurück	weich
24	Polystyrol PS	nur bedingt, dann bricht es auseinander	weich

KOHL VERLAG Lernen mit Erfolg
EIGENSCHAFTEN VON STOFFEN
Einführung in die Chemie und in chemisches Arbeiten – Bestell-Nr. 13 054

Magnetismus

Nr.	Stoff	Magnetisch ja	Magnetisch nein
1	Sand		X
2	Salz		X
3	Zucker		X
4	Mehl		X
5	Backpulver		X
6	Hirschhornsalz (Ammoniumhydrogencarbonat)		X
7	Zitronensäure		X
8	Essig 0,1 M		X
9	Vitamin C (Ascorbinsäure)		X
10	Ammoniak 0,1 M		X
11	Rapsöl (Ölsäure)		X
12	Ethanol		X
13a	Eisenpulver	X	
13b	Eisenspäne	X	
14a	Kupferpulver		X
14b	Kupferblech/würfel		X
15a	Aluminiumfolie		X
15b	Aluminiumpulver		X
16	Magnesiumstreifen		X
17	Zinkgranalie		X
18	Zinn		X
19	Nickel (Würfel)	X	
20	Graphit		X
21	Aktivkohle		X
22	Schwefel (Fäden)		X
23	Polyvinylchlorid PVC		X
24	Polystyrol PS		X

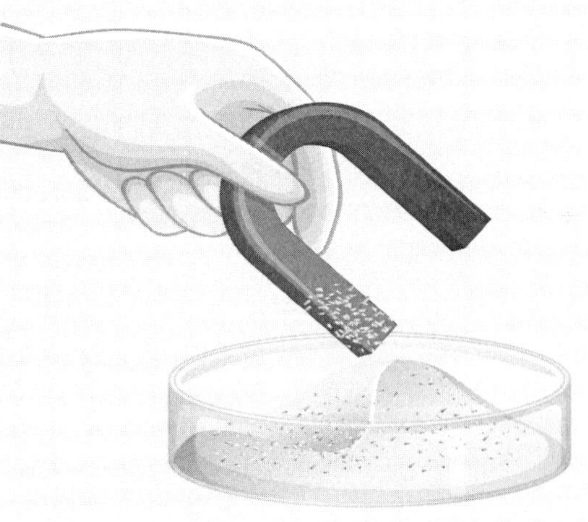

2 Eigenschaften von Stoffen

Elektrische Leitfähigkeit

Eine wichtige Eigenschaft von Stoffen ist die elektrische Leitfähigkeit. Sie hilft uns beispielsweise Metalle von Nichtmetallen zu unterscheiden.

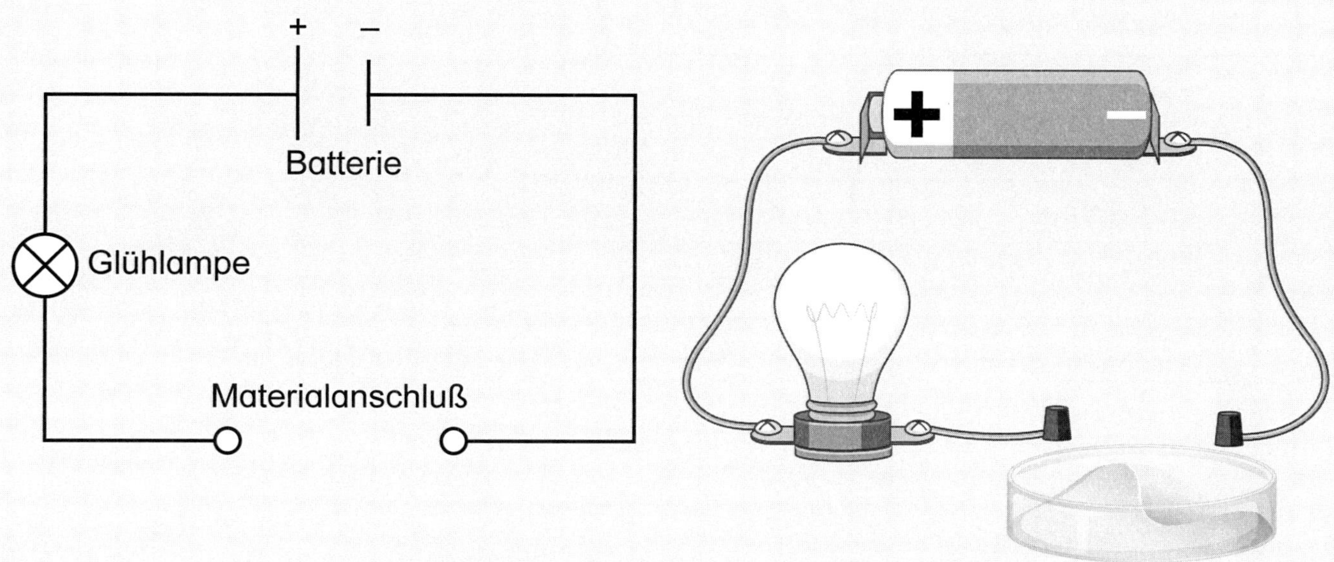

		elektrische Leitfähigkeit	
Nr.	**Stoff**	**leitet**	**leitet nicht**
13b	Eisenspäne	**X**	
14b	Kupferblech/würfel	**X**	
15a	Aluminiumfolie	**X**	
16	Magnesiumstreifen	**X**	
17	Zinkgranalie	**X**	
18	Zinn	**X**	
19	Nickel (Würfel)	**X**	
20	Graphit	**X**	
23	Polyvinylchlorid PVC		**X**
24	Polystyrol PS		**X**

EIGENSCHAFTEN VON STOFFEN
Einführung in die Chemie und in chemisches Arbeiten – Bestell-Nr. 13 054
KOHL VERLAG

Löslichkeit in Wasser

Nr.	Stoff	löslich in Wasser	
		ja	nein
1	Sand		X
2	Salz	X	
3	Zucker	X	
4	Mehl		X
5	Backpulver	X	
6	Hirschhornsalz (Ammoniumhydrogencarbonat)	X	
7	Zitronensäure	X	
8	Essig 0,1 M	X	
9	Vitamin C (Ascorbinsäure)	X	
10	Ammoniak 0,1 M	X	
11	Rapsöl (Ölsäure)		X
12	Ethanol	X	
13a	Eisenpulver		X
13b	Eisenspäne		X
14a	Kupferpulver		X
14b	Kupferblech/würfel		X
15a	Aluminiumfolie		X
15b	Aluminiumpulver		X
16	Magnesiumstreifen		X
17	Zinkgranalie		X
18	Zinn		X
19	Nickel (Würfel)		X
20	Graphit		X
21	Aktivkohle		X
22	Schwefel (Fäden)		X
23	Polyvinylchlorid PVC		X
24	Polystyrol PS		X

PROTOKOLL
Löslichkeit in Wasser

Datum: ____________

Name: ____________________ **Gr. Nr.** ____________ **Klasse:** ____________

Materialliste: *(Trage alle Materialien ein, die du verwendet hast.)*

Spritzflasche

Reagenzglas

Reagenzglasständer

Spatellöffel

Schnappdeckelgläser aus der Experimentierbox

____

____

Versuchsaufbau: *(Zeichne die Geräte auf die du verwendest und auch wie du das Experiment durchführst.)*

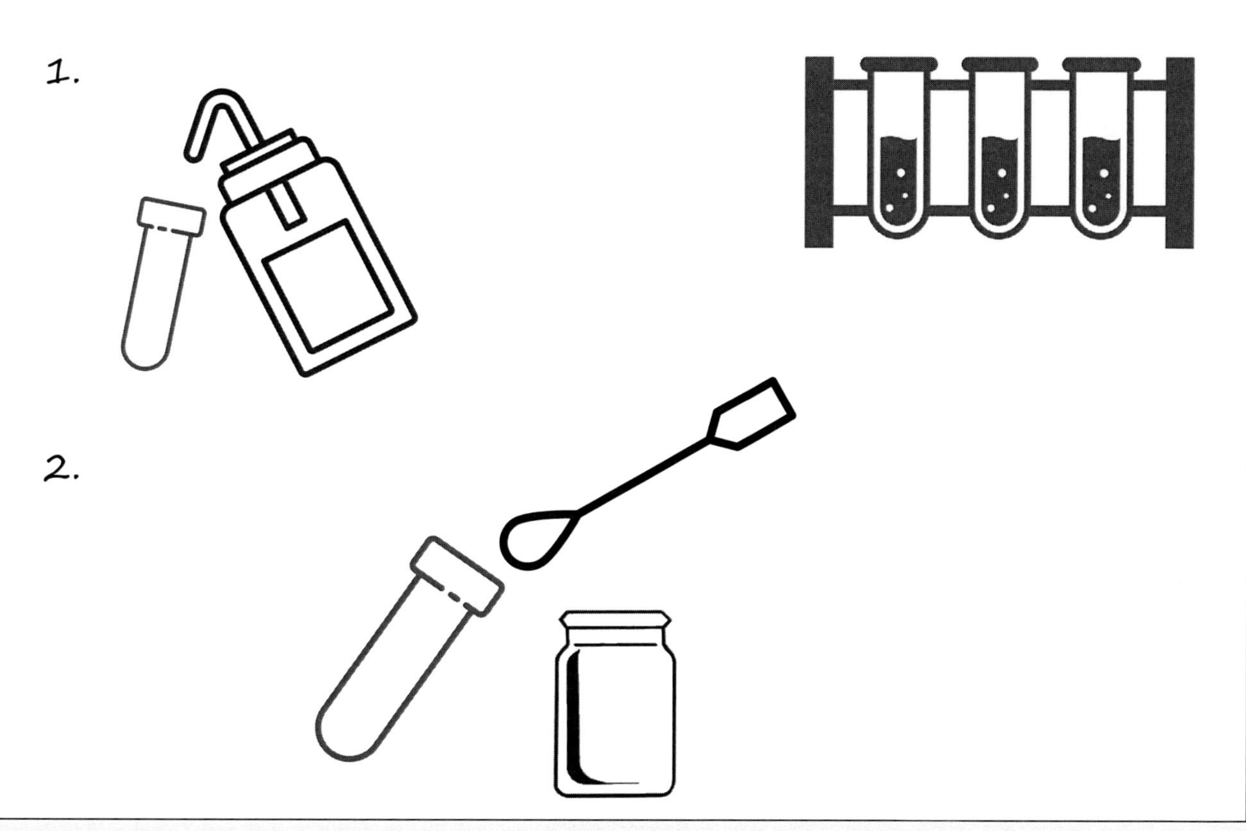

2 Eigenschaften von Stoffen

Brennbarkeit

Nr.	Stoff	brennbar ja	brennbar nein	Beobachtung
1	Sand		X	
2	Salz		X	
3	Zucker	X		
4	Mehl	X		
5	Backpulver		X	
6	Hirschhornsalz (Ammoniumhydrogencarbonat)		X	
7	Zitronensäure	X		
8	Essig 0,1 M			
9	Vitamin C (Ascorbinsäure)	X		
10	Ammoniak 0,1 M			
11	Rapsöl (Ölsäure)	X		Vorführung durch Lehrkraft
12	Ethanol	X		Vorführung durch Lehrkraft
13a	Eisenpulver	X		
13b	Eisenspäne		X	
14a	Kupferpulver		X	
14b	Kupferblech/würfel		X	
15a	Aluminiumfolie		X	
15b	Aluminiumpulver		X	
16	Magnesiumstreifen	X		Vorführung durch Lehrkraft
17	Zinkgranalie		X	
18	Zinn		X	
19	Nickel (Würfel)		X	
20	Graphit	X		
21	Aktivkohle	X		
22	Schwefel (Fäden)	X		
23	Polyvinylchlorid PVC	X		
24	Polystyrol PS	X		

2 Eigenschaften von Stoffen

PROTOKOLL
Brennbarkeit

Datum: __________

Name: ____________________ **Gr. Nr.** __________ **Klasse:** __________

Materialliste: *(Trage alle Materialien ein, die du verwendet hast.)*

Magnesiarinne

Reagenzglashalter Holz

Teelicht

Spatellöffel

Schnappdeckelgläser aus der Experimentierbox

Versuchsaufbau: *(Zeichne die Geräte auf die du verwendest und auch wie du das Experiment durchführst.)*

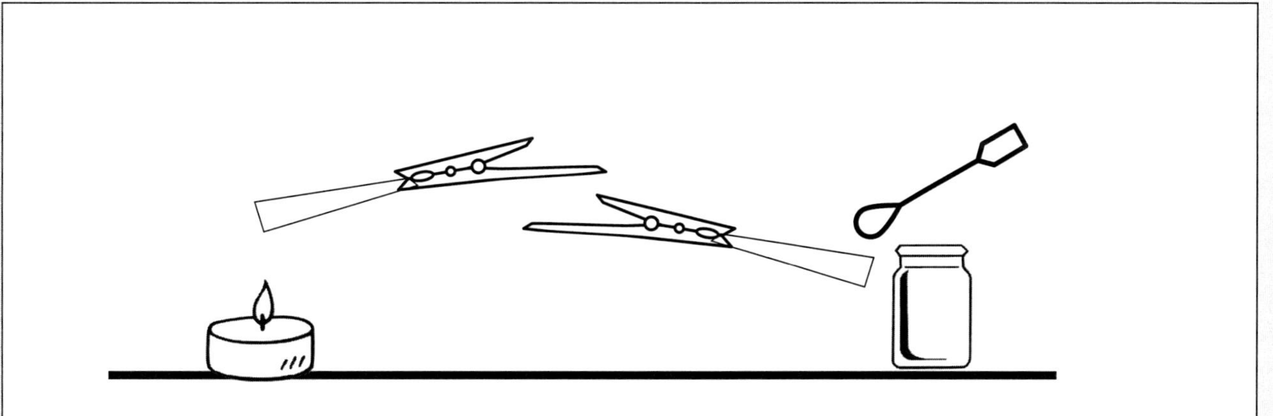

Versuchsbeschreibung:

Man gibt mit Hilfe des Spatellöffels ein wenig der Substanz aus dem Schnappdeckelglas auf die Magnesiarinne. Danach wird das Teelicht angemacht und die Magnesiarinne mit Hilfe des Reagenzglashalters über die Flammenspitze gehalten. Man beobachtet dann was passiert. Wichtig! Bevor man aus dem nächsten Schnappdeckelglas Substanz entnimmt muss unbedingt der Spatellöffel gereinigt werden!

KOHL VERLAG EIGENSCHAFTEN VON STOFFEN
Einführung in die Chemie und in chemisches Arbeiten – Bestell-Nr. 13 054

2 Eigenschaften von Stoffen

Element oder Verbindung?

Du hast inzwischen schon einige wichtige Eigenschaften unserer Stoffe kennengelernt. Nun wollen wir überprüfen, ob der Stoff zu den Elementen gehört oder aber eine Verbindung aus verschiedenen Elementen ist. Alle **Elemente** sind im **Periodensystem der Elemente** (PSE) aufgelistet.

PERIODENSYSTEM DER ELEMENTE

1 H Wasserstoff																	2 He Helium
3 Li Lithium	4 Be Beryllium											5 B Bor	6 C Kohlenstoff	7 N Stickstoff	8 O Sauerstoff	9 F Fluor	10 Ne Neon
11 Na Natrium	12 Mg Magnesium											13 Al Aluminium	14 Si Silicium	15 P Phosphor	16 S Schwefel	17 Cl Chlor	18 Ar Argon
19 K Kalium	20 Ca Calcium	21 Sc Scandium	22 Ti Titan	23 V Vanadium	24 Cr Chrom	25 Mn Mangan	26 Fe Eisen	27 Co Cobalt	28 Ni Nickel	29 Cu Kupfer	30 Zn Zink	31 Ga Gallium	32 Ge Germanium	33 As Arsen	34 Se Selen	35 Br Brom	36 Kr Krypton
37 Rb Rubidium	38 Sr Strontium	39 Y Yttrium	40 Zr Zirconium	41 Nb Niob	42 Mo Molybdän	43 Tc Technetium	44 Ru Ruthenium	45 Rh Rhodium	46 Pd Palladium	47 Ag Silber	48 Cd Cadmium	49 In Indium	50 Sn Zinn	51 Sb Antimon	52 Te Tellur	53 I Iod	54 Xe Xenon
55 Cs Caesium	56 Ba Barium	57 La* Lanthan	72 Hf Hafnium	73 Ta Tantal	74 W Wolfram	75 Re Rhenium	76 Os Osmium	77 Ir Iridium	78 Pt Platin	79 Au Gold	80 Hg Quecksilber	81 Tl Thallium	82 Pb Blei	83 Bi Bismut	84 Po Polonium	85 At Astat	86 Rn Radon
87 Fr Francium	88 Ra Radium	89 Ac** Actinium	104 Rf Rutherfordium	105 Db Dubnium	106 Sg Seaborgium	107 Bh Bohrium	108 Hs Hassium	109 Mt Meitnerium	110 Ds Darmstadtium	111 Rg Roentgenium	112 Cn Copernicium	113 Uut Ununtrium	114 Fl Flerovium	115 Uup Ununpentium	116 Lv Livermorium	117 Uus Ununseptium	118 Uuo Ununoctium

1	Sand	**10**	Ammoniak 0,1 M	**16**	Magnesiumstreifen
2	Salz	**11**	Rapsöl (Ölsäure)	**17**	Zinkgranalie
3	Zucker	**12**	Ethanol	**18**	Zinn
4	Mehl	**13a**	Eisenpulver	**19**	Nickel (Würfel)
5	Backpulver	**13b**	Eisenspäne	**20**	Graphit
6	Hirschhornsalz (Ammoniumhydrogencarbonat)	**14a**	Kupferpulver	**21**	Aktivkohle
7	Zitronensäure	**14b**	Kupferblech/würfel	**22**	Schwefel (Fäden)
8	Essig 0,1 M	**15a**	Aluminiumfolie	**23**	Polyvinylchlorid PVC
9	Vitamin C (Ascorbinsäure)	**15b**	Aluminiumpulver	**24**	Polystyrol PS

EIGENSCHAFTEN VON STOFFEN
Einführung in die Chemie und in chemisches Arbeiten – Bestell-Nr. 12 954
KOHL VERLAG

Eigenschaften von Stoffen

Element oder Verbindung? (Blatt 2)

Nr.	Stoff	Element	Verbindung
1	Sand		X
2	Salz		X
3	Zucker		X
4	Mehl		X
5	Backpulver		X
6	Hirschhornsalz (Ammoniumhydrogencarbonat)		X
7	Zitronensäure		X
8	Essig 0,1 M		X
9	Vitamin C (Ascorbinsäure)		X
10	Ammoniak 0,1 M		X
11	Rapsöl (Ölsäure)		X
12	Ethanol		
13a	Eisenpulver	X	
13b	Eisenspäne	X	
14a	Kupferpulver	X	
14b	Kupferblech/würfel	X	
15a	Aluminiumfolie	X	
15b	Aluminiumpulver	X	
16	Magnesiumstreifen	X	
17	Zinkgranalie	X	
18	Zinn	X	
19	Nickel (Würfel)	X	
20	Graphit	X	
21	Aktivkohle	X	
22	Schwefel (Fäden)	X	
23	Polyvinylchlorid PVC		X
24	Polystyrol PS		X

KOHL VERLAG EIGENSCHAFTEN VON STOFFEN Einführung in die Chemie und in chemisches Arbeiten – Bestell-Nr. 13 054

3 Versuchsbeschreibung & Gefährdungsbeurteilung

Einführung in die Chemie und in chemisches Arbeiten

Versuchs-Kategorie: **Stoffe und Eigenschaften**

Versuchs-Typ: **Chemie**

Ggf. unten stehende Erläuterungen zu den Piktogrammen beachten.

Gerät

Schutzbrille, Bechergläser, Reagenzgläser, Reagenzglasständer, Schnappdeckelgläser, Urglas, Reagenzglashalter, Teelicht, Magnet, Nadel, Pinzette, Thermometer, Batterie (9V), Glühlampe, Kabel, Sprizflasche, Spatel

Sonstiges Material

Magnesiarinne

Versuchsdurchführung

In der Unterrichtseinheit werden die Chemikalien der Experimentierbox auf ihre verschiedenen Eigenschaften hin untersucht:
* Aussehen und Geruch
*Verformbarkeit und Härte
* Magnetismus
*Elektrische Leitfähigkeit
*Löslichkeit in Wasser
* Brennbarkeit

Gefährdungen durch:

Stoffliche Eigenschaften	vorhanden
KMR-Stoff 1A/1B	☐
durch Einatmen	☐
durch Hautkontakt	☐
durch Augenkontakt	☐
Brandgefahr	☐
Explosionsgefahr	☐
Infektionsgefahr	☐

weitere Gefährdungen

☐ **weitere Gefahren und Hinweise**

Tätigkeitsbeschränkung:

Schülerversuch ab Jahrgangsstufe 5

Schutzmaßnahmen

Schutzbrille	Schutzhandschuhe	Abzug	Lüftungsmaßnahmen	geschlossenes System	Brandschutzmaßnahmen	Sicherheitswerkbank	Laborkittel
☑	☑	☐	☐	☐	☐	☐	☐

Weitere Schutzmaßnahmen

Gefährdungsbeurteilung erstellt mit DEGINTU

3 Versuchsbeschreibung & Gefährdungsbeurteilung

Chemikalien

Stoffbezeichnung - ZVG	Anmerkung	Signalwort	Piktogramm	H-Satz	P-Satz	Tätigkeit.	Typ
Aktivkohle - 4340		-				+	Edukt
Magnesium, Band - 500042.003		GEFAHR		H228 H252 H261	P210 P223	S4K	Edukt
Zitronensäure-1-Hydrat - 35230		ACHTUNG		H319 H335	P261 P264 P271 P280 P304+P340+P312 P305+P351+P338	S4K	Edukt
Zinn, Pulver - 8380		-				+	Edukt
Zink, Granalien - 500052.004		-				+	Edukt
Schwefelfäden - 8130.002		ACHTUNG		H228 H315		+	Edukt
Quarz - 4110	Sand	-				+	Edukt
Polyvinylchlorid - 13280		-				+	Edukt
Polystyrol - 11450		-				+	Edukt
Nickel, Würfel - 8230.002		-		EUH208	P273 P302+P352	+	Edukt
Natriumhydrogencarbonat - 2440		-				+	Edukt
Natriumchlorid - 1330		-				+	Edukt
L(+)-Ascorbinsäure - 40250	Vitamin C	-				+	Edukt
Aluminium, Folie - 7130.002		-				+	Edukt
Kupfer, Pulver - 8240		GEFAHR		H228 H410	P210 P273	S4K	Edukt
Kupfer, Blech - 112.002		-				+	Edukt
Graphit - 92330		-				+	Edukt
Ethanol - 10420		GEFAHR		H225 H319	P210 P240 P403+P233 P305+P351+P338	S4K	Edukt
Essigsäure 0,1M - 11400.002		-				+	Edukt
Eisen, Späne - 8210.003		-				+	Edukt
Eisen, Pulver - 8210		ACHTUNG		H228 H251	P210 P260 P370+P378	S4K	Edukt
Ammoniumhydrogencarbonat - 108420	Hirschhornsalz	ACHTUNG		H302	P301+P312+P330	+	Edukt
Ammoniak, wässrige Lösung 0,1M - 1750.002		-				+	Edukt
Aluminium, Pulver, nicht stabilisiert - 8100		GEFAHR		H250 H261	P210 P233 P280 P231+P232 P370+P378 P302+P335+P334	S4K	Edukt
Ölsäure - 20600		-				+	Edukt

Biostoffe/Organismen

Es werden keine Biostoffe/Organismen verwendet.

Sicherheitshinweise

Beim Experimentieren bitte Haare zusammenbinden und auf die Nachbarn achten!

Gefährdungsbeurteilung erstellt mit DEGINTU

EIGENSCHAFTEN VON STOFFEN
Einführung in die Chemie und in chemisches Arbeiten – Bestell-Nr. 13 054
KOHL VERLAG

3 Versuchsbeschreibung & Gefährdungsbeurteilung

Persönliche Schutzausrüstung

 Eine **Gestellschutzbrille** ist zu tragen.

 Als Spritzschutz dienen **Nitril-Einmalhandschuhe**.

Verhalten im Gefahrenfall

Entstehungsbrände: Entstehungsbrände mit Feuerlöscher bekämpfen. Schülerinnen und Schüler halten sicheren Abstand. Können diese nicht sofort gelöscht werden, Raum unverzüglich verlassen und Feuerwehr sowie Schulleitung alarmieren. Personenbrände mit Handbrause oder ggf. Feuerlöscher unverzüglich bekämpfen, hier zählt jede Sekunde!

Unbeabsichtigte Freisetzung: Schüler und Schülerinnen halten sicheren Abstand zur Gefahrenquelle. Zur Beseitigung der Kontamination sind Schutzbrille, Einmalhandschuhe und bei möglichem Vorhandensein von Aerosolen filtrierende Halbmaske der Schutzstufe FFP3 zu tragen. Kontaminierte Gegenstände oder Oberflächen sofort reinigen bzw. nass aufwischen und gegebenenfalls desinfizieren. Zum Wischen und Aufsaugen Zellstoff verwenden, diesen anschließend autoklavieren und entsorgen. Detaillierte Angaben zur speziesabhängigen Vorgehensweisen sind den Datenblättern der GESTIS-Biostoffdatenbank zu entnehmen.

⇄ Substitution

Gefahrstoffe

Substitution von Gefahrstoffen, Verwendungsformen und -verfahren wurde geprüft. Der Versuch ist zur Vermittlung wesentlicher Lerninhalte nicht verzichtbar und kann unter Einhaltung der in der Versuchsvorschrift genannten Einschränkungen und mit den dort genannten Schutzmaßnahmen durchgeführt werden. Gefährliche Stoffeigenschaften oder andere Gefährdungen, die eine Durchführung durch Schüler/innen oder Lehrkräfte grundsätzlich ausschließen würden, sind nicht bekannt. Die Stoffliste DGUV Information 213-098 in degintu.dguv.de wurde berücksichtigt.

Anmerkungen zur Substitution

Die meisten der Stoffe mit denen im Versuch experimentiert wird, sind im normalen Haushalt zu finden. Durch den Einsatz in den Experimenten soll den Schüler:innen bewußt werden, dass es auch gefähliche Stoffe im Hashalt gibt. Die Mengen die bei den Versuchen eingesetzt werden sind sehr gering.

Literatur

keine Angaben

Versuch wird in folgendem Raum durchgeführt:

Datum: ____________________ Unterschrift: ______________________________

Gefährdungsbeurteilung erstellt mit DEGINTU